하재룡 시집

라일락꽃 피면

하재룡 시집

라일락꽃 피면

순수

서문

첫 시집을 발간하게 되어 설레이고 매우 기쁘다

이 시집은 월간 순수문학에 2021년부터 2022년까지 연재 시로 발표했던 시들을 모아 발간한 것이다

이런 좋은 기회를 주신 박영하 주간님과 관계자 분들께 깊이 감사드린다

또한 그동안 지도해 주신 김동수 교수님과 항상 격려해 준 춘향문학회 문우님들께도 감사의 말씀을 드린다.

그리고 저의 시인등단을 이끌어 주시고 작품해설을 기꺼이 맡아 주신 윤석산 교수님께도 깊은 감사의 말씀을 드린다

이번 시집발간에 즈음하여 앞으로도 부끄럽지 않은 시인이 되기 위해 더욱 부단히 노력할 것을 다짐한다.

끝으로 이 시집을 돌아 가신 할머니와 부모님 그리고 사랑하는 아내에게 바친다.

2022. 6월

| 목차 |

서문 · 11
작품해설/윤석산 (전 한국시인협회 회장, 한양대 명예교수) · 132

1부 계절의 노래

계절의 노래 · 21
봄이 오면 · 22
섬진강의 봄 · 24
봄비 · 25
봄의 합창 · 26
광한루 봄 · 27
광한루 겨울 · 28
요천(蓼川)의 봄 · 29
5월이 오면 · 30
5월의 숲 · 31
교룡산 봄 · 32
교룡산 가을 · 33
벚꽃 길 · 34
방화동 봄 · 35
방화동 여름 · 36
방화동 가을 · 37
방화동 겨울 · 38
산 · 39

겨울 산 · 40
첫눈 · 41
여름 숲에서 · 42
여름 끝자락에서 · 43
가을 수채화 · 44
가을 여인 · 45
뭉게구름 · 46
코스모스 길 · 47
홍시 · 48

2부 라일락꽃 피면

라일락꽃 피면 · 51
개나리 · 52
찔레꽃 · 53
찔레꽃 · 2 · 54
진달래꽃 · 55
산수유 · 56
수선화 · 57
조팝꽃 · 58

애기똥 풀 · 59
할미꽃 · 60
살구꽃 · 61
복사꽃 · 62
들꽃 · 63
능소화 · 64
쌀밥꽃 · 65
달맞이꽃 · 66
민들레꽃 · 67
쥐똥나무꽃 · 68
아카시아꽃 · 69
배롱나무꽃 · 70
개망초 · 71
호박꽃 · 72
도라지꽃 · 73
참깨꽃 · 74
해바라기 · 75
구절초 · 76
구절초 · 2 · 77

3부 숲길 걸으며

숲길 걸으며 · 81
나무 · 82
나무 · 2 · 83
겨울나무 · 84
겨울나무 · 2 · 85
소나무 · 86
설중매 · 87
매화나무 · 88
목련 · 89
동백나무 · 90
버드나무 · 91
때죽나무 · 92
산딸나무 · 93
대나무 · 94
은행(銀杏)나무 · 95
밤나무 · 96
자귀나무 · 97
상수리나무 · 98

느티나무 · 99
낙엽 · 100
고사목 · 101

4부 아내를 위한 서시(序詩)

아내를 위한 서시(序詩) · 105
홀로 가는 길 · 106
사는 길 · 107
첫사랑 · 108
첫눈 오는 날 · 109
겨울 밤 · 110
그리운 얼굴 · 111
그대 생각 · 112
그대 생각 · 2 · 113
아버지 · 114
그리운 어머니 · 115
옹얼옹얼 찔레꽃 노래 · 116
할머니의 사랑 · 117
어느 봄날 · 118

어쩌다 · 119
만약에 · 120
산행 · 121
5월의 그대 · 122
나의 하늘 · 123
불꽃 · 124
흔적 · 125
소식 기다리며 · 126
편지 · 127
그리운 고향 · 128
남원 장날 · 129
금암봉에 오르니 · 130
금암봉의 추억 · 131

1부

계절의 노래

계절의 노래

잎 나오고 꽃 피면
벌 나비 웅- 웅-

논에 물 들면
개구리 개굴 개굴

늦더위 기승에
가을을 재촉하듯

매미도 맴맴 울어 쌓네

홍시 주렁 주렁
깊어 가는 가을

귀뚜라미 귀뚤 귀뚤
짝을 찾는데

하얀 눈 쌓이는
겨울 알리듯

참새들도 짹짹
차가운 부리 서로 부비네

봄이 오면

마른 땅 적셔 주는 봄비에
새싹들 환희의 노래 부르네

빗소리에 화들짝 놀란 개구리

마른 가지가지마다
파릇파릇 새싹 돋아나고

들녘 농부들 손길 분주하네

나물 캐는 아가씨들
봄바람에 싱숭생숭

먼 산 아지랑이
아롱아롱 피어 올라

불타는 철쭉꽃
떼지어 노래하고

장다리꽃 나비들도
흥겨워 춤을 추네

저 푸른 하늘 종달새
높이 솟아오르고

졸졸 흐르는 냇가에
봄의 합창 들려 오네

섬진강의 봄

지리산 긴 허리 감고
삼도三道 적셔 주는 오백 리 젖줄

잔잔한 은빛 강물에
은어 붕어 노닐고

철새 떠난 빈 자리
백로들 서둘러 찾아오네

화사한 매화 벚꽃
노란 미소짓는 산수유

상춘객 차량들
벚꽃 터널 속으로 빠져드네

※ 섬진강은 전북 진안군 데미샘에서 발원하여 3개도 10개시 군 200여키로를 흘러 가며 주민들에게 농업용수와 식수를 제공하는 젓줄임

봄비

창 밖에 봄비
다정한 친구 발소리 마냥 다가오네

목마른 우리 가슴 적시고
들녘 청보리 밭 파란 물결
우리 마음같이 출렁이네

나뭇가지 가지마다
산수유 매화
살구꽃 복사꽃
깊고 깊은 풀뿌리 흔들어 깨우네

생동하는 봄
다시 찾고 싶은 젊음이여!

봄의 합창

햇살 내리는 봄날의 숲길

졸졸 흐르는 물 소리에
깨어난 풀뿌리

새순의 속삭임과
터지는 꽃망울

벌 나비 날갯짓에

나뭇잎도 장단 맞춰
춤을 춘다

지저귀는 새 소리는
숲 속 오케스트라

나는 어느새 지휘자 되어
숲에 서 있다

광한루 봄

봄비 내린 오후
광한루 들어서니

산수유 목련 다투어 피고

월매집 대나무 더욱 푸르네

연못 잉어
유유히 노닐고

봄바람에
버드나무 살랑살랑

그네 타는 여인
춘향이인 듯

푸른 허공 속에
언뜻 보이네

광한루 겨울

광한루에 하얀 눈
소복히 쌓여 있네

가지가지마다 눈꽃
하얗게 피어 있고

일편단심 춘향인 듯
대나무 더욱 푸르르네

완월당 연못에는
보름달 두둥실 떠오르고

물가의 원앙새
한가로이 떠다니네

오작교 걷는 연인들
변치 않는 사랑 굳게 다짐하네

요천(蓼川)[1]의 봄

얼었던 강물
봄 햇살에 몸 풀고

움추렸던 물고기
봄 바람에 노니네

철새 떠난 빈 자리
백로들 날아들고

여뀌풀 버들가지
푸르름을 다투는데

내 마음 한 줄기
강물인 듯 흘러가네

1) 요천은 강에 여뀌풀이 많이 자란다는 뜻에서 온 말임

5월이 오면

아카시아 라일락 향기에 취해
다시 청춘이고 싶다

이 푸르른 계절에
새처럼 물처럼
흘러가는 구름처럼
자유인 되어

그리운 사람 생각하며
옛사랑 이야기하고 싶다

이 싱그러운 5월이 다시 오면
아카시아 라일락에 듬뿍 취한
불 같은 사랑 꿈꾸는 청춘이고 싶다

5월의 숲

5월의 숲은 신록의 우주

찔레 철쭉
초록으로 옷 갈아입고

벌 나비 윙윙 훨훨
아카시아꽃 향기에 다투어 날으네

산새 풀벌레의 흥겨운 노랫소리

졸졸 흐르는 청아한 물 소리
새 생명 속삭이는 5월의 숲

교룡산 봄

초록물결 출렁이는
교룡산 둘레길

동학의 가르침
최제우 선생 숨결 느끼네

선국사 종 소리
울려 퍼지고

아카시아 찔레꽃
그윽한 향기

꿀벌들 어지러이 날고

산새들도
짝을 찾아 노니네

머물 듯 가는 것이
시절인 것을

싱그러운 5월
지나가고 있네

교룡산 가을

교룡산 기슭에
가을이 스며드네

감나무 가지에
빨간 홍시 달려 있고

파란 가을 햇살에
나뭇잎 붉게 물드네

말없이 서 있는
푸른 소나무 사이로

낙엽 밟는 소리
스삭스삭 대숲 소리

동학의 함성인 듯
선국사 종소리
가까이 들려오네

※ 교룡산 은적암은 수운 최제우 선생께서 동학경전 『동경대전』을 집필한 곳이고 3.1운동 독립선언서 33인 중 한 분이신 백용성 대종사가 첫 출가한 곳임

벚꽃 길

어느 봄날
하얀 꽃
요천 산책길

파아란 하늘
가지가지 꽃송이

흰 구름 피어나고

실바람에 꽃잎들
봄비처럼 내리네

그 아래 오순도순
꽃길 걷는 연인들
꽃처럼 피어나네

방화동 봄

장안산 서남쪽
굽이굽이 방화동 계곡

갯버들 그늘 아래
버들치 노닐고

노란 개나리꽃
파란 봄까치꽃
길따라 이곳저곳 피어 있네

산새들 짝을 찾아
즐겁게 지저귀고

대숲 사이 바람소리
화사한 복사꽃길

달빛 젖은 저녁에
나그네 되어

목련꽃 아래에서
4월의 노래 부르네

※ 방화동은 전북 장수군 번암면에 있는 「방화동 자연휴양림」을 말함
※ '4월의 노래'는 박목월의 시 제목임

방화동 여름

장안산 계곡물
구비 구비 흐르고

먼 산 뻐꾸기
뻐꾹 뻐꾹

슬픈 전설의 용소
유유히 흘러

방화폭포
힘찬 물줄기
세상 번뇌 씻어 주네

호젓한 숲길
청량한 물 소리 바람 소리
지저귀는 산새 소리

쏟아지는 별빛 달빛
요란한 풀벌레 소리
방화동 여름밤 깊어 간다

방화동 가을

장안산 서남 기슭에
가을이 온다.

방화와 덕산계곡
높고 푸른 하늘에
흰 구름 정처 없이 흘러

산과 계곡
오색단풍으로 물들어 있다

서어나무 열매
먼 곳 그리워
가지 끝에 매달려 있고

사각사각
낙엽 밟는 소리

졸졸 흐르는 물소리
소슬한 바람소리에

방화동 가을은
깊어만 간다

방화동 겨울

방화동 산자락
하얀 눈 내리고

나뭇가지 가지마다
눈꽃 피었네

꽁꽁 언 계곡물
말없이 흘러

산새는 어디 갔나
보이지 않네

까마귀 까악 까악
적막 흔들고

온통 하얀 산

은자隱者의 계절
견디고 있구나

산

지치고 힘들 때
누구나 찾아 가는
녹색의 품

새, 나무, 풀꽃들이
모두 어울려
함께 살아가는 곳

그러나 그리 쉽게
정상을 내 주지 않는
고집스러운 너

넉넉히 가슴 쭉 펼쳐 둘러서서는
그 누구라도 오라는 듯
너 그곳에 든든히 자리하고 있다

겨울 산

가지 위에
흰 눈 쌓이고

북풍 매섭게
불어 오는데

나무 옷 벗자
산세 뽐내네

소곤 소곤 계곡물
까악 까악 까마귀

어서 오라고
산이 날 부르네

첫눈

창 밖에 첫눈 내리자
가지마다 눈꽃 피었네

첫사랑 설레이던
마음으로
하얀 길 홀로 걸었네

산과 들
소복 소복 흰 눈 쌓이고

뽀드득 뽀드득
눈 밟는 소리

흰 눈처럼
맑아지는 내 영혼의
눈길이여!

여름 숲에서

초록 잎 사이로
은빛 햇살 뛰놀고

하늘 향해 소곤대는
나무들의 푸르른 이야기

그윽한 숲의 향기가
온몸 감싸는데

흐르는 물소리
산새 소리 합창에

어느새 7월도
숲 속에 서 있네

여름 끝자락에서

입추 지난
여름 끝자락

뜨거운 햇살에
오곡백과 익어가네

느티나무 정자 아래
촌부들 한가히 정담 나누는데

짙은 녹색 숲 속 계곡
물놀이 하는 아이들의 웃음소리

가는 세월 서러운 듯
풀벌레 소리 구슬피 들려오네

가을 수채화

백로(白露) 지나고
맑은 구슬 풀잎에 맺혔네

넓은 들녘
황금물결 출렁이고

먼 산 울긋불긋
만산에 홍엽이네

높고 파란 하늘
기러기 떼 날으니

깊어 가는 가을 밤
귀뚜라미 슬피 울어

긴긴 밤
나 홀로 잠 못 이루네

가을 여인

파란 하늘
가을 향기에 취한 그대여

하늘호수 물결 따라
엽서 한 장 띄우고

흘러가는 뭉게구름
옛 추억 적시네

단풍 따라 빨알간
가을 옷 챙겨 입고

그리움 찾아 먼 길
떠나가는 가을여인이여!

뭉게구름

가을 하늘
두둥실 구름 한 조각

흰 돛단배 푸른 꿈 싣고
바람 따라 흘러 가네

무심한 세월
덧없이 지나가고

무지개를 좇던
젊은 날의 시간들

뭉게구름 속으로
속절없이 흘러갔네

코스모스 길

맑은 가을 하늘
길가에 울긋불긋
코스모스 피었네

갈바람에 가녀린 몸
수줍은 듯 처녀처럼
살랑살랑 흔드네

청초한 여심에 홀린 듯
흥얼거리며 꽃길 걸으니

어린 시절 친구와 함께
코스모스 핀 신작로 따라
학교 가던 추억 아련히 떠오르네

그 친구들 지금은
어디서 어떻게 살고 있는지

가을바람에
코스모스만 한들거리네

홍시

할머니 집 마당
감나무

가을이면
홍시가 주렁주렁

어릴 적 시골 가면
홍시 한 소쿠리
따 주시던 할머니

홍시 감을 보면
할머니 생각이 난다

가을이 오면
할머니가 그립다

2부

라일락꽃 피면

라일락꽃 피면

4월이 오면
동숭동 마로니에공원
라일락꽃 핀다

반독재 외치던
분노의 젊은 함성
미라보 다리 건너고

시국과 사랑 인생을
논하던 선술집의 밤
깊어 가는데

라일락 향과 함께
청춘들의 사랑도
익어 간다

라일락꽃 피면
떠오르는
젊은 날의 추억
아, 잔인한 계절이여

개나리

맵고 매운 추위 견디고 견뎌
노랑 저고리 차려 입고
새 색시 되어 다소곳이 피었네

황금빛 종소리에
나비들도 흥에 겨워

나물 캐는 아낙네들
바구니에 살포시 날아들며

희망 찬 봄노래
떼 지이 부르고

노란 봄 향기
멀리멀리 퍼져 가네

찔레꽃

산마루
하얀 꽃

송이송이
찔레꽃

나그네도
그 향기에 취해

잠시
걸음 멈추네

찔레꽃 · 2

푸른 5월
꽃 향기에
설레이는 내 마음

보리릿고개
찔레순 함께 먹던
옛 친구

찔레꽃 노래
흥얼거리시던 어머니

흘러가는
구름처럼
물처럼

산바람에
찔레 향기 또 날리네

진달래꽃

두견새[1]의
슬픈 전설 간직한 채

이른 봄
가지마다
연분홍 꽃 피었네

꽃 따 먹고
뛰놀던
철수 순이 옥이

아련한
그리움으로
분홍 꽃 되었네

1) 옛 중국 초나라 망제 두우가 나라가 망해 죽어서 그의 한(恨)이 두견새
되어 산천에 뿌린 피눈물이 두견화로 피었다는 전설이 있음

산수유

겨울 끝자락
봄비 내리는 날

돌담길 사이로
이른 봄 알리는 듯

꽃 먼저 내밀었네

수줍은 소녀처럼
신비로운 미소로
노란 꽃 피우더니

뜨거운 여름 햇살
온몸으로 견딘 후

빠알간 열매
꽃 진 자리 마다
알알이 달렸네

수선화

긴 겨울 보내고
연못가에 노란 꽃 피웠네

눈 속 외로운 시간 견뎌
맑고 그윽한 향기

제 모습에 반해
숙명처럼 피고 지는 물의 요정

초록 치마 노란 저고리
청초한 그 자태로
불어 오는 봄바람 살랑살랑 유혹하네

조팝꽃

호젓한 산길에
가지가지마다 조롱조롱
하얀 밥알 달렸네

바람결에 느껴지는
그윽한 향기

풀뿌리에 허기 달래던
배고픔 잊게 한 좁쌀 꽃

그 시절 추억이
봄비림 따고 오네

애기똥 풀

4월 숲길에
아기처럼 귀엽게 핀 꽃

가지 끝에 노란 얼굴
해맑은 웃음 넘치네

숲 향에 취해 말없이 걸으면
'나도 여기 있어요' 손짓하고

사랑스런 눈길 주며
지나가는 이 발길 붙잡네

할미꽃

산기슭 외딴 무덤가
붉은색 자주 꽃

따스한 봄 햇살에
고개 숙였네

막내딸 찾아가다 지쳐 죽은 그 자리
산마루 양지에 피어 있네

꽃 진 자리에 맺힌 열매
흰 머리되어 바람결에 나부끼니

오월 어버이날
막내딸 만나려 가네

※ 할미꽃은 할머니가 산 너머 사는 막내딸를 만나려 가다 산마루에서 죽었는데 그 자리에 할머니의 넋이 꽃으로 피었다는 전설이 있음.

살구꽃

요천 산책길
살구꽃 피었네

추운 겨울 견디고
연분홍 꽃망울
팝콘처럼 터지네

살랑살랑
불어 오는 봄바람

하늘하늘
꽃잎들 춤추네

복사꽃

마을 어귀 양지바른 언덕에
복사꽃 피었네

온산 불 밝힌 듯
눈이 부셔

집집마다
마을 안녕 불러 오네

나물 캐는 아낙네들
흥얼흥얼 콧노래

꽃 향에 취한 벌 나비들
분주히 날고

꽃 진 자리마다
사랑의 수밀도 익어가네

들꽃

우연히 들길에서
고향 친구 만난 듯
너를 만났네

알아주는 이
없어도
이름조차 몰라도

'괜찮아' '괜찮아'
속삭이며

잡풀 속에 꽃 피웠네

홀로 가는 길손
눈길 끌어

그것이 꽃피운 이유인 듯

들길에서
예쁜 꽃 피었네

능소화*

햇살 가득한
8월의 오후

돌담에 기대어
방긋 웃는 주황색 꽃

가지 사이사이로
임 부르는 나팔소리

행여 오시나
귀 기울여 보지만

무심하게 지나가는
바람소리 뿐

*능소화에는 왕의 성은을 받은 궁녀 소화가 구중궁궐에서 담 넘어로 왕의 발걸음을 기다리다 상사병으로 죽은 그 자리에 능소화가 피었다는 슬픈 전설이 있다

쌀밥꽃

초여름의 연두 철에
하얀 이팝꽃 피었네

보릿고개 시절
배고픔 달래던
쌀밥꽃

가지마다 가지마다
고봉으로 피었네

오랜 세월
애환을 함께한

풍년의 꽃
풍성하게 피었네

달맞이꽃

노랑 저고리
연초록 치마 입고
님 마중 가는 꽃

달뜨면 반가워
함박 웃음 짓고

달 지면 서러워
고개 숙이네

다시 올 그님
기다리고 기다리는

그 마음
달님도 알고 계실까?

민들레꽃

작은 돌 틈 사이로
꽃 한 송이

무심히 지나가는
내 눈길 붙잡아

"나 여기 있어요"
조용히 속삭이네

추운 겨울 세찬 바람
눈보라 견디고

작고 환한 꽃 피웠네

이 삭막한 길가에
어느 누가
노란 꽃 피웠을까

쥐똥나무꽃

5월의 끝자락
울타리에 쥐똥나무

가지가지 끝마다
송이송이 하얀 꽃

벌 나비 날아와
지나던 걸음 멈추게 하네

흰 꽃 지고 나면
대롱대롱 쥐똥 열매

배고프던 보릿고개
곡식 축낸 쥐똥 닮아

그 슬픈 역사
그들은 알고 있는지

아카시아꽃

신록의 5월
아카시아꽃 피었네

가지 사이사이 하얀 꽃
주렁주렁 달렸네

꽃향기에 취해
잉잉대는 꿀벌들

먼 산 뻐꾸기 뻐꾹뻐꾹
논밭 개구리도 개굴개굴

그리워지네
꽃잎 따서 꿀맛 보던 추억들

배롱나무[1]꽃

길가에 백일홍꽃
뜨거운 햇살 아래 붉게 피어 있네

보는 사람 즐겁고
걷는 이 발걸음도 가벼워

매끄러운 네 몸 살짝 만지면
부끄러운 듯 나뭇잎 흔드네

가지마다 수북한 꽃
옹기종기 모여

서로 어울려
넉넉한 여유 보여 주네

[1] 배롱나무는 여름에서 가을까지 100일간 꽃핀다 하여 백일홍 나무라고 하며 남원시목(市木)임

개망초

한 여름 텃밭에
흐드러진 개망초

가지 끝마다
한 송이 계란꽃

밭농사 망치는
망할 놈의 망초지만

부지런한 농부는
수확 기쁨 맛본다네

화려한 색 맑은 향기
멋진 모양 아니어도

질기고 강한 생명
우리 민족 닮았네

호박꽃

여름 햇살 먹으며
담장에 핀 노란 꽃

지나 가는 사람들
눈길 주지 않아도

가을볕 갈바람에
꽃진자리 누렇게 익어

늙어서도 사랑받는 너처럼
그렇게 익어가고 싶구나

도라지꽃

7월 끝자락 텃밭에
도라지꽃 피었네

초록 치마 입고
보랏별 하얀 별 조용히 빛나네

화려한 자태 아니지만
다소곳한 네 모습

수줍게 미소짓는
옛 친구 순이 생각나네

참깨꽃

하얗게 핀 초롱꽃
한여름 텃밭

불볕 강풍 견디며
꽃 진 자리 익어가네

서늘한 바람 불어오니
힘든 시절이
오히려 그리움 되어

깨소금 같은 이야기들
수을술 풀어 놓네

해바라기

가을 들판 물들이는
황금빛 꽃이여

오직 한 분만을 향한
바라기 순정

임 그리다
까맣게 탄 가슴 속

오늘도
머리 숙여
임 기다리네

구절초

산자락에
살포시 얼굴 내밀고

가을 오는 길목에
하얗게 핀 그대

다소곳이 보내는
수줍은 미소

소슬한 바람에
가을향기 퍼져가네

구절초 · 2

늦가을 산자락에
하얗게 피어 있네

여인에 좋다 하여
선모초仙母草라 부르네

애틋한 어머니 사랑
가득 담아
시집간 딸에게 보내지던 너

귀뚜라미 우는 밤
조용히 불러 보는 어머니

3부
숲길 걸으며

숲길 걸으며

푸른 나무 사이로
햇살 비추는 오솔길

이름 모를 풀꽃들
어서 오라 손짓하고

소나무 밤나무도
반갑게 인사하네

뻐꾸기 뻐꾹 뻐꾹
쑥국새 쑥국쑥국

솔 향 산들바람에
근심 걱정 날려버리고

나 홀로 나그네 되어
숲길 걸어 가네

나무

나무처럼 살고 싶다

모진 풍파 견뎌 낸
푸른 소나무같이

오랜 세월
마을을 지켜 온

느티나무같이
굴곡의 역사 속에서도
끈질기게 살아

새 나비들과 함께
숲을 이루어

서로 배려하고
베푸는 나무이고 싶다

나무 · 2

서로서로 다투지만
더불어 함께 사네

하늘 그리워
위로 위로 솟구쳐 오르지만

바람길 꽃길
살며시 내어 주고

꽃 피워 맺은 열매
새 곤충 먹이 되네

언제나 그 자리
그 모습

빈 몸으로 서 있는
숭고한 너의 삶

겨울나무

나뭇가지에
흰 눈이 쌓였다

붉은 열매 파란 잎
바람결에 보내고

둥지만 덩그러니
가지 끝에 걸려 있다

지난 여름 훌훌 털고
맨몸으로 서 있다

겨울나무 · 2

하얀 겨울
잎새 다 떨어뜨리고

봄소식 희망 안고
온몸으로 북풍추위 막으며

새 생명 에너지
내면으로 깊숙이 간직한 채

가지마다 소복히 쌓인
하얀 솜이불 덮고

긴긴 겨울 밤
잘 견디고 있구나

소나무

척박한 바위틈새
끈질게 살아 가는
너를 닮고 싶다

모진풍파 속
철갑같은
너의 꿋꿋한 기상

언제나 푸르름으로
군자처럼 서 있구나

오랜 세월
우리와 애환을 함께한
너를 더 사랑하고 싶다

설중매

돌담가
매화 한 그루

가신 님 못 잊어
마음만 졸이더니

봄눈 내리는 아침
하얀 입술 살포시

가지 가지 꽃 피워
눈빛 향기로 다가 오네

매화나무

뜰 앞에
매화 한 그루

추운 겨울 견디고
젖꼭지 같은
꽃망울 맺어

파아란 하늘 아래
하얀 꽃 피웠네

따사한
봄 햇살에

벌 나비 불러 들여
푸른 열매
망울망울 맺혔네

목련

햇살 밝은 봄날
목련 한 그루

하얀 꽃망울
북향으로 내밀고

파란 하늘에
묵필로 님 그리네

임 향한 그리움
그칠 줄 몰라

가지 가지마다
순백의 하얀 마음
송이 송이 내밀었네

동백나무

이른 봄
화엄사에
빠알간 동백 피었네

화려한 몸짓으로
동박새 불러

뜨거운 사랑 나누더니

온몸 던져 화려하게
낙화한 불꽃이여!

거센 비바람
뜨거운 태양

보란 듯 견디어

빨간 열매 달렸네
사랑 열매 열렸네

버드나무

먼 산 아지랑이
아롱아롱
갯가 버드나무에 피어오르고

불어오는 봄바람에
흔들리는 내 마음

하늘하늘 가는 허리
푸른 긴 눈썹

불어라 바람아
가지가지 사이사이
네 고운 숨결 느껴보고 싶구나!

때죽나무

때죽나무 한 그루
방울방울 하얀 꽃

호젓한 숲길에
다소곳이 피어 있네

꿀벌들의 바쁜 날갯짓

한여름
뜨거운 태양
비바람 견디고

높고 푸른 하늘 아래

스님 닮은 열매
주렁주렁 맺혀 있네

산딸나무

초여름 교회 뜰
산딸나무 한 그루

초록비단에
흰 나비 떼

사뿐사뿐 날아
살며시 다가오네

하얀 십자가 꽃받침에
순결의 별꽃

말없이 바라보네
고요히 기도하네

대나무

봄바람에
물결치는 푸른 대숲

폭풍 불어도
빈 몸으로 시련 견디며

세상 온갖 유혹에도
올 곧은 마음

문인들 시로 그림으로
사랑 받는구나

맑은 하늘 푸른 숲

산새들과 더불어
너처럼 살고 싶구나

은행(銀杏)나무

천년 고찰에
우뚝 서 있는 너

긴 세월 모진 풍파에도
화석처럼 살아 왔구나

가을바람 소슬하니
노란 황금빛
알알이 익어

노란 잎 은빛 열매
기꺼이 보시하니

너를 친구처럼 곁에 두고
사랑하게 되는 구나

※은행나무는 수억년전부터 지금까지 생존한 식물로 일명 「화석나무」라 칭하며 잎은 징코민(혈액순환제)의 원료로, 열매는 약용 또는 식용으로 이용됨.

밤나무

초여름 산비탈에
눈 내린 듯 하얀 꽃 피었네

진한 꽃내음에
벌 나비 찾아오고
홀로 된 아낙 잠 못 이루네

서늘한 바람 불어오면
가시투구 살짝 벗고

실한 열매 선물하니

자식성공 기원하고
조상음덕 잊지 않아

어느덧 제사상에
의젓하게 앉아 있네

자귀나무

6월 어느 날
화사하게 펼친 분홍 부채살

춤 추는 듯 한들한들
화려한 공연 펼치고 있네

무심히 지나는 소녀
눈길 붙잡아
가던 길 멈추게 하고

밤이 되면
두 잎 다소곳이 모아
백년해로 기도하네

상수리나무

마을 뒷산
상수리나무 한 그루

진짜나무라
참나무라고도 부르네

다람쥐 새 곤충과 함께
더불어 사는 작은 우주

배고픈 시절엔
묵밥 되어주고

임금님 수라상에도
올랐다던 도토리

소슬한 갈바람에
우수수 떨어지니

나뭇잎만 울긋불긋
단풍들었네

※ 상수리나무 이름은 선조가 임진왜란 시 피난 간 의주에서 먹었던 도토리묵을 환궁 후에도 수라상에 올랐다 는데 에서 유래함. 상수리나무는 100여종 동물에게 수액 잎 도토리 등를 먹이로 제공하며 함께 공생하는 작은 생태계임.

느티나무

마을안녕 지켜 주는
수호신

한 여름
그늘 아래
쉼터가 되고

세상이야기
함께 나누는
사랑방이 되었네

한때는
좌우로 나뉘어
서로 죽이고 죽이던
아픈 광장도 되었네

이제 모두의 아프고 슬픈
지난 날 보듬는
어머니 같은 넉넉한 그늘 드리우고

오늘도 변함없이
그 자리에
우뚝 서 있네

낙엽

사각사각
깊어 가는 가을!

소슬한 바람에
쓸쓸하게 춤춘다

한 시절
생명 키우려
온 힘 다하고

후회 없이
생을 마감한다

또 다른 생명
밑거름되려는
성스러운 너

고사목

숲의 식구이고
가족인 너

기꺼이 곤충에게
온 몸 내 주고

이름 모를 새에게
먹이 주어

아름다운 숲 이루었구나

살아서 아름답고
죽어서도 더 아름다운 너

모든 것 다 내주고
말없이 자연으로 돌아 간
너
진정한 기부천사구나

4부

아내를 위한 서시(序詩)

아내를 위한 서시(序詩)

모래알처럼 수많은 사람 중
하늘이 정해 준 부부

45년 긴 세월 동안
기쁨 슬픔 보람 고통 같이 나누었네

쉴새없이 살아온 세월
삼남매 낳아 키운 당신

세월은 쏜살같이 흘러
꽃처럼 곱던 얼굴에 주름살만 늘었네

어느덧 칠십 줄
자식들 떠난 빈 둥지에

오랜 친구 되어 내 곁에 있는
사랑하는 그대여!

홀로 가는 길

인생은 홀로 가는
나그네 길

세상에 태어나
기쁨과 슬픔

사랑과 미움 모두 견디었네

한때의 권력도
한낱 명예도

흘러가는 구름처럼
스쳐 가는 바람처럼

사는 길

저 산 넘어 구름처럼
흘러가는 길

먹구름 태풍되어
때때로 밀려와도

작은 꿈 하나
부여 잡고

곱던 얼굴에
주름 쌓여 가네

어느덧 서산에
해 저무는데

그대와 함께 가니
외롭지 않네

첫사랑

아득히 먼 시간 속으로
고향 열차 다가오네

우연히 마주 앉은
보름달 같은 그녀

차창 밖으로 보슬비 내리고
내 마음엔 파도가 밀려 왔네
그립고 그리워
빗속을 서성거렸던

그 시간들
썰물처럼 흘러 갔는데

아련히
다시 떠오르는 얼굴

내 맘에 별빛되어
반짝반짝 빛나네

첫눈 오는 날

하늘에서 펄펄
첫눈 내리네

하얀 눈길 걸으며
문득 떠오르는 그리운 얼굴들

눈처럼 하아얀 동심으로
돌아가

눈사람 만들고
눈싸움 하며
눈썰매 싱싱 달리고 싶네

하얀 눈 위에
아름다운 발자국 남기고 간

저 멀리 눈 속으로
다가오는 그리운 사람들이여!

겨울 밤

눈 내리는 밤
소리 없이
그리움만 쌓이고

가신 님 발자국 소리인가

깊어 가는 겨울 밤
문풍지 소리에
귀 기울어 보지만

님은 오지 않고
속절없이 바람만
여린 가슴 적시네

그리운 얼굴

내 삶의 발자국
되밟아 본다

할머니 부모님 옛 친구 얼굴
세월 따라 떠오르고

잠자리 따라 다니며
바나다 맛있게 먹던 아들 딸들

일터에서 만났던
잊을 수없는 분들

지는 노을 속 아련히
그리운 얼굴 붉게 떠오른다

그대 생각

아침에 눈 뜨면
그대 생각뿐

외로이 먼 길
바람 되어 다가오고

서산에 해 지면
달되어 떠오르네

저녁에 눈 감으면
꿈속에 다가 오네

그대 생각 · 2

멀리 떠나 있어도
그대 그리워하네

다정한 얼굴
별이 되어 떠오르고

해맑은 그대 미소
달이 되어 다가오네

홀로 가는 꿈길에
그대 만나고 싶네

아버지

늘 내 마음 속 큰 산
큰 별이셨던 나의 아버지

독학으로 글 깨우시고
홀로 외롭게 가난 이겨 내시며

일찍 자수성가하여
몰락하는 가문 일궈내셨네

평생 근면 성실을 몸소 실천하여
자식들 삶의 지표 되시고

제 갈 길 찾아 갈 수 있도록
자식들의 버팀목 돼었던

아버지

오늘도 내 마음 속 큰 산
큰 별로 우뚝 빛나고 계시네

그리운 어머니

오직 남자 하나 보고
가난한 집에 시집 온 어머니

한결 같은 믿음으로
아홉 남매 훌륭히 키우시고

어두운 밤길 밝히는
달빛 같은 사랑으로
자식들 돌보셨네

구십 평생 자식 걱정
편한 날 없었어도

힘들고 험한 세상
자식들 따뜻하게 품어주신

그리운 어머니

이제 세상 시름
다 잊으시고 편히 쉬소서

웅얼웅얼 찔레꽃 노래

어머니는
노래를 못 하시는 줄 알았다

한번도
노래하는 모습
뵌 적이 없었으므로

요양병원에 누워계실 때
망연히 혼자 웅얼웅얼 거리시던
찔레꽃 노래

아, 아 어머니는
정말 노래를 못 하시는 줄 알았다

세상에서 가장 아름답게 울려오던
웅얼웅얼 찔레꽃 노래
지금도 마음 저 깊은 곳, 떠돌고 있다.

할머니의 사랑

가난한 선비 집에
시집와 삼남매 낳고

힘들고 힘든 일에
허리띠 졸라가며
정성으로 키우셨네

오직 손주 사랑으로
여생을 보내셨던 할머니

그 사랑 넘치고 넘쳐
그 은덕 잊지 못하네

어느 봄날

가랑비 내리는
어느 봄날

창 밖 나뭇잎 파릇파릇
하얀 꽃 화사하게 피어나는데

흘러가는 세월
잡을 수 없으니

허전한 마음
달래보려 막걸리를 마신다

옛 친구가 보내 준
홍어회 안주 삼아

주거니 받거니
아내와 함께
지난 세월 이야기한다

어쩌다

어쩌다
손을 다쳤네

병원 가는 차 안

안쓰러운 마음에
울먹이던 아내

그 마음 헤아리며

새삼스레 만나는
아내 마음

어쩌다
우리 이렇듯

서로의 마음 확인하였네

만약에

내가 만약 하늘이라면
파란 하늘에
그대 얼굴 그리고 싶네

내가 만약 구름이라면
두둥실
그대 손잡고 춤추고 싶네

보고픈 마음 전하려
그대에게 달려가

출렁이는 파도에
그리움 실어 전하고 싶네

내가 만약 꽃이라면
그대 가슴에 안겨
향기 피우고

만약에 새라면
훨훨 날아가
그대에게 둥지 틀고 싶네

산행

산행은
아쉬움 뒤로 하고
내려오는 것

크고 작은 봉우리 넘으며
돌부리 가시덩쿨 마주하고

누구나
산 밑에서 시작하는 것

내려올 땐
아, 하는 순간
벼랑으로 떨어지는 것

꿈을 향해
낮은 마음으로 살아가는 것

5월의 그대

향기로운 5월에
그대 생각해요

그대 사랑
장미꽃으로 활짝 피어나고

그대 마음
나비되어 살며시 날아와요

별이 되어
그대 가슴에 속삭이고

달이 되어
그대 얼굴 비추어요

푸르른 5월 하늘에
그대 그리고 싶어요

나의 하늘

어렸을 때엔
하늘은 꿈과 사랑
그리고 도전이었다

나이가 들어 뭔가를
조금씩 알기 시작하면서
하늘은 시련이었고 성취였다

은퇴 후
하늘은 또 나에게
그 무엇으로 다가올는지…

불꽃

그대는 나의 불꽃

시들은 마음 밭에
사랑의 씨앗 뿌려주고

길 잃은 영혼에
희망의 등불 비춰주었네

메마른 가슴
살포시 적셔주는 샘물처럼

아득한 그리움과 함께
조용히 타오르는
나의 불꽃이여

흔적

겨울 하늘
새들은 흔적 남기고
고향 찾아 떠나 가네

멀리 떠난 그대
볼 수는 없지만
마음 깊히 남아 있고

그대생각에
먼 산 망연히 바라 보네

살며시 눈 감으면
그대 내 앞에 서 있고

아득히 사라져 가는
지난 추억의 흔적들
붙잡아 보네

소식 기다리며

하얀 겨울 아침
까치 한 마리
까악 깍 반갑게 인사하네

멀리 떠난 그리운 님
오신다는 전갈일까

보고 싶은 옛 친구
만나자는 소식일까

동구 밖 바라보며
온종일 설레이네

편지

그대에게
편지를 띄웁니다

내 맘 속 스며드는
그대 모습 그려보며

긴긴밤
뜬눈으로 지새워도

꿈길에서 만나
그리워 한다는 말 한마디 없어도

그대와 함께 손잡고
꽃길 걸으며

푸른 하늘 흰 구름 타고
두둥실 떠다니고 싶네요

그리운 고향

세상에 덩그러니 태어나
철없이 뛰놀며 자란 곳

냇가에서 송사리 잡고
논두렁에서 메뚜기 잡던 추억들

세상 풍파 견디며
힘들게 살아온 세월

어느덧 머리엔
하얀 서리 내리고

삶에 지칠 때마다
어머니 품속같이 품어준

언제나 돌아가
쉴 수 있는 그리운 내 고향

남원 장날

지리산 자락 춘향 골 장터
사람들 모여 드네

반가운 친구와 국밥에
막걸리로 우정을 마시고

취기 가득한 얼굴로
세상이야기에 목소리 높아지네

오가는 자식들 이야기에
사돈하자 두 손 꼭 잡고

어물전 난전에선
호객소리 요란하네

여기저기 사고파는 흥정 속에
거래 이루어지며

활기찬 장터 풍경 속
내손에도 명태꾸러미 들려 있네

금암봉에 오르니

원불교 옛터엔
옛 사람 흔적도 없구나

저 멀리 교룡산
가까이엔 광한루

맑은 요천수
굽이굽이 흘러가네

소나무 숲 오솔길
젖어 오는 솔 향기

금수정 풍류객
춘향가 소리 들리는데

춘향이 이별대목
나도 몰래 흐르는 눈물

※ 금암봉은 남원시 노암동에 있는 산임

금암봉의 추억

돌계단 밟고 밟아
금암봉에 오른다

학창시절 방학이면
자주 오르던 곳

원불교 교당에서
낭랑한 교리 들려오고

금수정 난간으로
애닮은 춘향 이별가 흐른다

유유히 흐르는 요천수 바라보며
미래의 꿈을 꾸던 시간 시간들

먼 시간 돌고 돌아
아련한 추억으로 떠오른다

◆해설

시 쓰기, 삶의 새로운 길

윤석산
(시인, 한양대 명예교수)

1

시인 하재룡은 필자의 고등학교 동창생이다. 고등학교 시절엔 하재룡이 시를 쓰지 않았던 것으로 기억된다. 그러던 하재룡이 대학을 졸업하고 잘 나가는, 일컫는바 높은 공직 생활을 마치고 은퇴를 한 이후, 나이가 60이 훨씬 넘어서 시에의 바람(?)이 났다.

그래서 은퇴 후 고향인 남원으로 귀향하여, 향리의 문학인들을 규합하여 '춘향문학회'라는 문학 동호회를 결성하고 '시 쓰는 공부'를 시작했다. 늦바람이 무섭다는 것은 다만 속담에 그치는 것이 아니다. 하재룡은 시에 몰두하면서 시작을 줄기차게 하고 있었다. 특히 시단에 그 모습을 드러낸 이후 문학지에 연재를 시작하는 과단성을 보이기도 했다. 매달 5편의 신작을 연제하는 기염을 토하며, 왕성한 창작력으로 벌써 일년이 넘게 연재를 계속해 오고 있다.

　이러한 왕성한 창작력이 오늘의 시집으로 묶이게 되었고, 그러므로 하재롱 시인은 필생의 첫시집을 세상에 내놓게 된 것이다. 이제 나이 70 중반을 넘어, 어쩌면 노년이라고 할 수 있는 나이에 시에의 열정, 그 끈을 단단히 잡고 있는 친구 하재롱, 그의 시작에의 열정은 아마도 그 삶의 방향타를 지금까지의 방향에서 다른 쪽으로 향하게 하는 그런 소중한 촉매가 될 것으로 생각된다. 나아가 정신의 연령 또한 그 누구보다도 젊게 만들고 있는 중요한 계기가 되고 있으리라 믿는다.

　어쩌면 우리는 입시라는 스트레스와 함께 공부의 지옥 속에서 아등바등 고등학교를 졸업하고, 대학을 나온 이후에는 직장에 매달려 어떻게 사는지 모르게 살아왔음이 대부분이다. 그런가 하면, 가족을 먹여 살리기 위하여 삶의 터전을 숨가쁘게 뛰어다녔고, 이리 부딪치고 저리 치면서 숨가쁘게 살아왔는지도 모른다. 그러므로 나 자신도 모르게 나의 현실적 이익을 위하여 타인에게 머리를 숙이기도 하고, 때로는 거만을 드러내기도 했을 것이고, 경우에 따라서는 선의의 거짓말로 세상을 속이기도 했을 것이다. 삶의 터전이라는 현실 속에서 살아가기 위하여 우리는 이러함을 우리의 모습이라고 받아들이며 살아왔을 것이다,

　영화「죽은 시인의 사회」는 우리의 젊은 시절 많은 감동과 함께 상영된 작품이다. 이 영화에서 로빈 윌리

엄스가 열연을 한 존 키팅이라는 젊은 선생이 고대 로마의 시인 호라티우스의 라틴어 시의 한 구절을 인용해서 남긴 말인 '카르페 디엠(Carpe Diem)'은 우리를 오랫동안 흔들어 놓은 명제가 아니었던가.

영국 한 보수적인 명문 사립학교에 국어교사로 부임한 존 키팅 선생은 학생들을 향해 "의학, 법률, 경제, 기술 따위는 삶을 유지하는 데에 필요한 것이기는 하지만, 살아가는 진정한 목적은 시와 문학, 낭만, 사랑인 거야. 이러한 것들을 누리기 위하여 우린 카르페 디엠, 곧 오늘을 잡아야 한다. 오늘을 즐겨야 한다.(Seize the day)"라고 일갈한다.

그렇다. 우리는 그간 우리의 삶을 얼마나 값지고 유익하고 보람되게 살았던가. 먹기 싫은 술도 사업을 위해서 먹고, 만나고 싶지 않은 사람도 경우에 따라서는 만나 헛웃음을 웃으며 살아온 것이 지난 우리들의 자화상인지도 모른다. 그래서 그저 돈만 벌어들이는 기계로, 밥이나 먹는 밥주머니로, 어쩌면 우리는 나이가 70이 되도록 이렇게 살았는지도 모른다. 그러나 '시와 문학, 낭만, 사랑'을 우리네 삶 속에서 구가하므로 우리 삶의 방향타는 전혀 다른 방향을 향할 수가 있을 것이다. 그렇다. 하재룡은 시를 만나 시를 쓰며 삶의 목적이 무엇인지 다시 생각하게 되고, 지금까지의 삶이 아닌 또 다른 삶의 목적을 향해 뚜벅뚜벅 걸어가고 있다고 생각된다. 그러므로 이런 하재룡은 참으로 행복한 사람이 아닐 수 없다.

나이 70이 넘어 새롭게 시를 쓴다고 하니, 무슨 망령이냐고 하겠지만, 좀 늦었지만 진정한 삶의 목표를 찾은 즐거움이 하재룡에겐 있을 것으로 생각이 된다. 그러므로 시를 쓰고자 하는 마음을 지녔다는 그 사실 하나만으로도 우리는 하재룡이 지금 펼치고 있는 제2의 삶을 축하해주어 마땅하다고 본다.

하재룡은 이제 나이가 이만큼 들어서, 지금까지 자신을 얽어매었던, 때로는 억누르곤 했던 그러한 문제에서 훌훌 벗어나, 그와는 차원을 달리하는 또 다른 세계로 가끔 머리를 들어 바라보는 삶, 시에의 삶을 살고자 마음으로 결정한 것이다. 이는 어느 의미에서 지금까지 가보지 않은 길을 가는, 그러한 신선한 기쁨을 하재룡에게 줄 것으로 믿어마지 않는다.

2

시에 있어 서정성(抒情性)의 문제는 가장 기본적인 사항이다. 시의 가장 기본이 되는 '서정성'이란 무엇인가. 이러한 문제에 관하여 일찍이 문학이론가들은 '세계의 자아화(自我化)'라고 언급한 바 있다. 그런가 하면, '자아와 세계의 동일성'이라고 피력하기도 했다. 다시 말해서 서정성이란 '자아'라는 주체와 '세계'라는 개체와의 관계 설정 위에서 이룩되는 것이라는 이야기이다. 즉 자아라는 주체가 세계라는 개체와의 관계에서 어떠한 갈등을 일으키거나 대립의 상태를 이루는 것이 아니라, 서로 동화하고 융화하여 일제의 간극이 없이 하나가 되는, 그러한 상태를 의미한다고 하겠다.

이러한 서정에의 견해는 그간 많은 시 이론가들에 의하여 논의의 대상이 되어 왔다. 과연 '서정'이란 이러한 문학이론가들이 말한 바와 같이 주체와 객체가 어떠한 갈등도 일으키지 않고 일체화를 이루는 것만을 말하는가 하는 문제를 놓고 많은 논란이 되어 왔다. 특히 서정의 대표 양식이라고 할 수 있는 시에 대한 고정적 관념이 무너지고, 시의 새로운 형식이 요구되는 오늘이라는 현대에 더욱 이와 같은 문제는 심각하게 표출이 되고 있다.

자아라는 주체와 세계라는 객체가 서로 일체화한다거나 융화를 이루는 것이 서정이라는 믿음만을 바탕으로 시를 창작하는 경우, 시는 가장 전형적인 모습을 띤다고 하겠다. 그러므로 이에 드러나는 시적 모습은 때때로 자칫 독백주의로 떨어질 수 있는가 하면, 지나친 '착한 서정'의 모습을 띨 수도 있다.

하재룡의 시들은 바로 이와 같은 가장 전형적인 서정의 모습에 안주된 작품들이라고 하겠다. 그러므로 자아와 세계가 일체화된, 주체와 객체가 융화된 모습을 보여줌이 하재룡 시의 대체적인 모습이 된다.

또한 하재룡의 시는 90 퍼센트 이상이 자연을 노래하는 작품들이다. 자연이 계절에 따라 어떻게 변화하며, 이 자연에서 만나는 지난날의 추억들에 대한 회상이 하재룡 시의 중요한 시적 제재가 되고 있음을 볼 수가 있다. 이들 시의 제목만을 보아도 알 수 있듯이 '봄', '여름', '가을', '겨울' 등의 계절이 중요한 시적 재제가 되는가 하면, '섬진강', '요천', '교룡산', '방화동' 등의 자연물이나, '봄날', '여름 숲', '가을 수채화', '가을 여인', '겨울 나무', '겨울 밤', '어느 봄날' 등 계절과 관계된 사물이 시적 제재로 쓰이고 있다.

그런가 하면, '뭉게구름', '홍시', '코스모스', '라일락', '개나리', '찔레꽃', '진달래', '산수유', '살구꽃', '복사꽃', '들꽃', '능소화', '쌀밥꽃', '달맞이꽃', '쥐똥나무꽃', '민들레꽃', '아카시아', '배롱나무꽃', '개망초꽃', '호박꽃', '도라지꽃', '참깨꽃', '해바라기', '구절초', '소나무', '설중매', '매화나무', '목련', '동백나무', '버드나무', '때죽나무', '산딸나무', '대나무', '은행나무', '잣나무', '자귀나무', '상수리나무', '느티나무', '고사목' 등 자연물이나 꽃, 나무 등이 중요한 시적 재제가 되고 있음을 볼 수가 있다.

이러한 자연이나 자연 속에서 찾은 시적 제재들은 '추억'이나 '그리운 고향', '편지', '소식', '그대' 등의 내적 사유와 만남으로 해서 시적 형상화를 이루고 있음이 하재룡시의 일반적인 모습이다. 나아가 이러한 자연물들은 어머니, 아버지, 할아버지 등, 이 분들이 지닌 사랑이나 그리움 등과 만나 형상화되고 있음도 또한 볼 수가 있다.

즉 하재룡의 자연은 오늘이라는 현 시점에 만나는 자연이지만, 하재룡의 가슴에 묻어둔 어떠한 추억, 어떠한 기억 등과 만나 다시 형상화되고 살아나는 자연이 되고 있는 것이다.

나아가 시적 자아의 내면과 이러한 자연이라는 시적 제재, 나아가 시적 상관물과는 아무러한 갈등 없이 융화되는 있으며, 자연스럽게 하재룡의 시작품들은 '착한 서정'을 이루고 있음을 볼 수가 있다. 이와 같은 면에서 하재룡은 자연을 매제로 하는 매우 소박한 서정시인이라고 할 수가 있다.

3

마른 땅 적셔 주는 봄비에
새싹들 환희의 노래 부르네

빗소리에 화들짝 놀란 개구리

마른 가지가지마다
파릇파릇 새싹 돋아나고

들녘 농부들 손길 분주하네

나물 캐는 아가씨들
봄바람에 싱숭생숭

먼 산 아지랑이

뭉게뭉게 피어 올라

불타는 철쭉꽃
떼지어 노래하니

장다리꽃 나비들도
흥겨워 춤을 추네

저 푸른 하늘 종달새
높이 솟아오르고

졸졸 흐르는 냇가에
봄의 합창 들려오네

　　　　　　　　「봄이 오면」의 전문

  위의 시는 「봄이 오면」이라는 제목의 시이다. '봄비', '새싹', '개구리', '마른 가지', '들녘', '나물', '아지랑이', '철쭉꽃', '장다리꽃', '나비', '종달새', '냇가' 등 봄이라고 하면 흔히 우리가 만날 수 있는, 그러한 제재들이 이 시에는 망라되어 있음을 볼 수가 있다. 다시 말해서 그 제목이 말하고 있는 '봄이 오면' 만나게 되는 봄의 대부분의 것들을 모두 시속에 담아내고 있다.

  그러므로 봄은 마치 한 폭의 그림인 양 그려지고 있다. 봄비가 마른 땅을 적셔 주고, 빗소리에 놀란 개구리가 화들짝 뛰어오르고, 마른 가지에는 파릇파릇 새

싹이 돋아나고, 농부들의 손길은 바빠지고, 나물 캐는 아가씨들은 봄바람에 싱숭생숭해지고, 먼 산 아지랑이가 뭉게뭉게 피어 오르고, 철쭉꽃, 장다리꽃이 피어나고, 하늘에는 종달새가 울고, 시냇물이 졸졸 합창을 하며 흐르는 모습을 하나하나 시의 언어로 그려놓으므로 봄이 지닌 모습을 그려내고 있다.

그러므로 이 시는 어떠한 갈등도 없이 다만 봄의 풍광이나 정취를 드러내주는, 그러한 시로 안주하고 있음을 볼 수가 있다. 이러한 시에의 모습 다음에서도 확인이 된다.

지리산 긴 허리 감고
삼도(三道) 적셔 주는 오백 리 젖줄

잔잔한 은빛 강물에
은어 붕어 노닐고

철새 떠난 빈 자리
백로들 서둘러 찾아오네

화사한 매화 벚꽃
노란 미소짓는 산수유

상춘객 차량들
벚꽃 터널 속으로 빠져드네

「섬진강의 봄」의 전문

위의 시 역시 섬진강 봄의 광경을 묘사하듯이 그려 낸 작품이다. "잔잔한 은빛 강물에 / 은어 붕어 노닐고 // 철새 떠난 빈 자리 / 백로들 서둘러 찾아오는" 섬진강에는 "화사한 매화 벚꽃 / 노란 미소 짓는 산수유"가 차례로 피며 봄을 알린다. 그런가 하면, 이 섬진강가의 봄 풍경을 즐기려고 상춘객들을 실은 차량들이 벚꽃이 만발한 벚꽃 터널을 꼬리에 꼬리를 물고 빠져나간다.

이러한 하재룡의 섬진강에는 다만 풍경만 담겨 있을 뿐 사람이 없다. 사람이 없다는 것은 사람의 내적 모습, 그 마음이나 심정이 담겨져 있지를 않다는 말이다. 마치 관념적 동양화와 같이 봄을 알리는 풍경만이 그려져 있다. 다음의 시작품 역시 이와 마찬가지이다.

햇살 내리는 봄날의 숲길

졸졸 흐르는 물 소리에
깨어난 풀뿌리

새순의 속삭임과
터지는 꽃망울

벌 나비 날갯짓에

나뭇잎도 장단 맞춰
춤을 춘다

지저귀는 새 소리는
숲 속 오케스트라

나는 어느새 지휘자 되어
숲에 서 있다.

「봄의 합창」의 전문

 이 시 역시 '햇살 내리는 봄날의 숲길'이라든가. '졸졸 흐르는 물소리', '새순의 속삭임', '터지는 꽃망울', 그리고 '벌 나비 날갯짓' 등의 자연물, 자연 풍광만이 시에 담겨져 있다. 그리고는 "어느새 지휘자 되어 / 숲에 서 있는" '나'를 비로소 제시하고 있음을 볼 수가 있다. 그러나 이러한 '나' 역시 어떠한 내면적 모습을 지닌 존재이기보다는 자연물이 된 '나'로 자리하고 있음을 발견하게 된다.
 이러한즉 하재룡의 시들은 대부분이 내적 갈등이 없이 다만 자연의 풍광을 그대로 옮겨놓은 듯한 작품들이 대부분이다.

3
위에서 거론한 작품들 이외에 하재룡은 자연물을 통해 자신의 과거 추억이나 기억을 담아내고자 시도를 하고 있음을 볼 수가 있다.

 할머니 집 앞마당

감나무

가을이면
홍시가 주렁주렁

어릴 적 시골 가면
홍시 한 소쿠리
따 주시던 할머니

홍시 감을 보면
할머니 생각이 난다

가을이 오면
할머니가 그립다

「홍시」의 전문

    가을이면 마당의 감나무에 홍시가 주렁주렁 열린다. 이렇듯 열린 홍시를 바라보며 화자는 "어릴 적 시골 가면 / 홍시 한 소쿠리 / 따 주시던 할머니" 생각이 난다. 그래서 가을이 오면 할머니가 그립다고 화자는 술회한다. '홍시'라는 한 자연물이 할머니에 대한 '그리움'으로 치환되면서 시는 소박한 시적 정서를 자아내고 있다. 다음의 시 역시 마찬가지이다.

우연히 들길에서
고향 친구 만난 듯

너를 만났네

알아주는 이
없어도
이름조차 몰라도

'괜찮아', '괜찮아'
속삭이며

잡풀 속에 꽃 피웠네

홀로 가는 길손
눈길 끌어

그것이 꽃피운 이유인 듯

들길에서
예쁜 꽃 피었네

「들꽃」의 전문

   고향 친구는 언제 만나도 정겹다. 아무 것도 모르고 다만 즐겁기만 하던 어린 시절 함께 뛰어놀던 친구이기 때문에 그 고향 친구는 소박하게 들길에서 피는 이름 모르는 어느 들풀과도 같은 사람이 아닐 수 없다. 그래서 만나면 절로 반가워 웃음이 나오는 친구. 들길에서 만난 어느 이름 모를 들풀에서 화자는 바로 이와 같은 고향 친구의 모습을 발견하고, 그 들풀이 꽃 피운 이유, 그 이유가 이렇듯 홀로 가는 길손의 눈길을 끌기 위함이라는 소중한 발견을 하게 된다.

"알아주는 이 / 없어도 / 이름조차 몰라도 // '괜찮아', '괜찮아' / 속삭이며" 잡풀들 사이에 호젓이 피어 있는 들풀. 다만 어느 들풀이 꽃 핀 봄 길가에의 풍경에서만 그치지 않고, 고향이라는, 친구라는, 그러한 정겨움을 만나는 그런 시로 발전하고 있음을 볼 수가 있다. 다음의 시 역시 이와 같은 사람의 소박한 내면을 드러내주고 있는 작품이 된다.

초여름의 연두 철에
하얀 이팝꽃 피었네

보릿고개 시절
배고픔 달래던
쌀밥꽃

가지마다 가지마다
고봉으로 피었네

오랜 세월
애환을 함께한

풍년의 꽃
풍성하게 피었네

「쌀밥 꽃」의 전문

이팝꽃은 그 꽃이 '이밥', 곧 쌀밥을 닮아서 부쳐진 이름이다. 지금은 사는 형편이 좋아져서 대부분의 사람들이 굶지를 않고 쌀밥을 먹고 살지만, 우리의 어린 시절 봄에서 여름 그 사이 '보릿고개'라고 하여 밥 구경하기가 어려웠던 시절이 있었다. 이 무렵 산과 들에 피어나는 이팝나무꽃은 배고픈 아이들을 더욱 자극하고는 했다.

　"보릿고개 시절 / 배고픔 달래던 / 쌀밥꽃"은 마치 배고픈 우리를 달래기나 하듯이 "가지마다 가지마다 / 고봉으로 피었고", 그래서 우리는 더욱 배고픔을 참기가 어려웠던 그 시절의 꽃. 오늘 산과 들에 핀 이 이팝꽃을 보며, 어려웠던 그 시절을 문득 떠올리게 된다.

　이렇듯 어떠한 대상은 우리를 자극하고 이 자극은 우리의 오랜 기억 속에 갈무리되어 있는 한 부분을 불러오고, 그래서 이 사물이 우리의 가슴으로 다가와 시적 제재가 되고 있는 것이다. 하재룡은 주변의 많은 사물들을 다만 그 사물이 지닌 실질적인 면이 아닌, 보다 우리의 정서와 꿈을 넉넉하게 해주는 대상으로 만나고 있는 것이다. 그래서 하재룡은 어쩌면 지금까지의 삶과는 그 차원을 달리하는 새로운 세계를 경험하고 또 즐기는, 그런 삶을 이루고 있다고 생각된다.

　끝으로 어느 작은 매체에 필자가 소개한 하재룡의 시를 소개하며 글을 마무리 하고자 한다.

어머니는
노래를 못 하시는 줄 알았다

한번도
노래하는 모습
뵌 적이 없었으므로

요양병원에 누워계실 때
망연히 혼자 웅얼웅얼 거리시던
찔레꽃 노래

아, 아 어머니는
정말 노래를 못 하시는 줄 알았다

세상에서 가장 아름답게 울려오던
웅얼웅얼 찔레꽃 노래
지금도 마음 저 깊은 곳, 떠돌고 있다.

「웅얼웅얼 찔레꽃 노래」의 전문

 어머니는 늘 집안일에 매달려 사시는 분이다. 집안일에다가 가족들 건사까지, 하루도 여일이 없는 삶을 사시는 분이 어머니이시다. 그래서 어머니께서는 개인적인 생활은 일체 갖지 않은, 아니 갖지 못하는 그런 분이라고, 우리 자식들은 흔히 착각을 한다. 그래서 어머니는 삶을 즐길 줄도 모르는, 그래서 노래 한 자락도 못하시는 분이라고 생각한다.
 이러신 어머니가 연세가 되시고 편찮아지시어 요양

병원에 입원을 하셨다. 요양병원에 누워서 어머니는 때때로 섬망에 드신다. 그러면 노래도 하고 또 옛이야기도 하시며, 평소 못 듣던 말씀 등을 하신다. 이때 부르시는 노래, '찔레꽃 노래', 어머니로부터 처음 듣는 그 노래.

세상에서 가장 아름답게 울려오던, 그 웅얼웅얼 거리시듯 부르는 찔레꽃 노래, 그 어머니의 노래. 어머니 떠나시고 이제 세월이 지나가고 지났어도, 지금도 마음 저 깊은 곳, 떠돌고 있는 그 노래, '찔레꽃 노래'. 봄날의 희디흰 찔레꽃 마냥, 우리의 마음속 한 점 그늘도 없이 늘 환하게 피어오른다.

하재룡 시인의 첫 시집을 축하한다. 시에의 길이 다만 시를 위한 길이 아닌, 지금까지 걸어오지 않은 우리 삶의 또 다른 길을 이끄는 그러한 일이며, 그러므로 보다 우리의 삶을 풍요롭게 하는 길임을 하재룡은 깊이 자각하고 지금 이 삶을 즐기고 있는 것이다. 나는 다만 하재룡의 첫 시집 발간을 축하하는 것이 아니고, 지금 이 '새로운 삶의 즐김'을 바로 축하하고 있는 것이다.

순수시선 646

라일락꽃 피면

하재룡 지음

2022. 6. 1. 초판
2022. 6. 9. 발행

발행처 순수문학사
출판주간 朴永河
등록제2-1572호

서울 중구 퇴계로48길 11 협성BD 202호
TEL (02) 2277-6637~8
FAX (02) 2279-7995
E-mail ; seonsookr@hanmail.net

저자와의 합의하에 인지를 생략함
잘못된 책은 바꾸어 드립니다

ISBN 979-11-91153-30-9

가격 10,000원